Dieu-Bénit Axel Presnel KORONDO

De l'obligation morale à la rencontre de Dieu

Dieu-Bénit Axel Presnel KORONDO

De l’obligation morale à la rencontre de Dieu

Éditions Croix du Salut

Imprint
Any brand names and product names mentioned in this book are subject to trademark, brand or patent protection and are trademarks or registered trademarks of their respective holders. The use of brand names, product names, common names, trade names, product descriptions etc. even without a particular marking in this work is in no way to be construed to mean that such names may be regarded as unrestricted in respect of trademark and brand protection legislation and could thus be used by anyone.

Cover image: www.ingimage.com

Publisher:
Éditions Croix du Salut
is a trademark of
International Book Market Service Ltd., member of OmniScriptum Publishing Group
17 Meldrum Street, Beau Bassin 71504, Mauritius
Printed at: see last page
ISBN: 978-613-7-37370-5

FR. KORONDO MOBEZAORO DIEU-BÉNIT AXEL PRESNEL

De l'obligation morale à la rencontre de Dieu

AVANT PROPOS

Chers lecteurs et amoureux dans la recherche de la voie de Dieu bonjour ! Je suis très content de proposer encore une fois de plus une relecture de l'ouvrage « Voies ouvertes sur Dieu de Louis Leahy » en s'appuyant sur le titre, **« De la morale à la rencontre de Dieu**. Le problème que soulève ce titre est celui de l'obligation morale comme preuve de l'existence de Dieu. Autrement dit, il s'agit de montrer comment la loi morale constitue-t-telle une voie pour la découverte de Dieu.

Le choix de ce titre réside dans le fait, qu'il est de la nature de l'homme, en tant qu'être religieux, de se poser inlassablement des questions, de chercher sans cesse la connaissance afin d'atteindre Dieu. Cependant, l'histoire nous révèle avec beaucoup d'amertume que la recherche de Dieu est devenue une source, non seulement de fragilisation des sociétés, mais aussi de déstabilisation et d'aliénation de l'homme : d'une part, la dignité de l'homme est bafouée au nom d'une certaine affirmation de Dieu ; d'autre part, on assiste au rejet de Dieu au nom de la recherche de la liberté humaine. L'on constate dès lors que le problème de l'existence de Dieu se pose aujourd'hui face à la responsabilité morale et à l'exercice de la liberté de l'homme. La question est de savoir si Dieu entre-t-il ou non dans la définition de l'homme ?

Dès lors, dans le but d'aborder de façon pertinente la problématique que soulève le titre de cet ouvrage, nous avons d'une part choisi Louis Leahy qui soutient la preuve morale dans l'affirmation de l'existence de Dieu et d'autre part, opté pour une démarche méthodologique qui structure notre réflexion en trois chapitres. Le premier chapitre, intitulé la définition de la morale a consisté à montre que c'est une obligation pour l'homme de se conformer à la loi morale ; car ce qui fonde la morale, c'est sa nature prescriptive des lois de la conduite humaine.

Cependant, selon que la morale est relativisée en fonction des sociétés, il était donc nécessaire de préciser sa nature fondamentale. Ceci nous a conduits au deuxième chapitre que nous avons intitulé « implication morale ». Il a consisté à définir clairement ce à quoi l'on abouti quand il se sait moralement obliger. De là, il ressort que la conscience que l'on a de sa dignité, découle de la violence sur soi-même à se conformer à la loi dite morale et à ne désirer que les valeurs qu'elle propose. C'est dans cette attitude de conscience de sa dignité que l'homme se trouve libre. Cependant cette liberté ne se manifeste que comme une jouissance dans laquelle l'homme reste toujours assoiffé d'une valeur supérieur qui limiterait ses aspirations. De là, nous avons abouti au troisième chapitre dans lequel nous avons débattu de la découverte de Dieu comme valeur absolue qui s'exprime à travers la valeur morale dans son obligaréité et dans son absoluité.

De ce parcours analytique, nous retenons que dans la perspective de Louis Leahy, Dieu est la valeur absolue de toute valeur désirable par l'homme. Selon lui on parvient donc à Dieu par soi dans la ligne de la valeur morale. Dès lors la morale conduit l'homme à Dieu pour deux (2) raisons. - la morale amène l'homme à saisir sa dignité, c'est-à-dire ce qui lui caractérise en tant qu'être capable de Dieu. - Elle affecte sa nature de quelques valeurs ordonnés à l'absolue, Dieu. - tout ceci est réalisé dans la conscience de l'obligation, fruit de la loi morale selon laquelle un bien n'est pas désirable à cause du désir subjectif qu'un sujet a en son égard, mais à cause de sa valeur ordonnée à la valeur absolue, Dieu. En un mot, la morale est pour Louis Leahy le sommet de tout mode de connaissance qui puisse conduire l'homme à sa perfection.

Merci pour votre attention et Bonne lecture !

KORONDO MOBEZAORO
Dieu-bénit Axel Presnel

INTRODUCTION

L'homme, dit-on le plus souvent, est par nature et par vocation un être religieux ; mieux, il est *capax Dei* (capable de Dieu). C'est-à-dire que les facultés de l'homme le rendent capable de connaître l'existence d'un Dieu personnel[1]. Ainsi, il est de la nature de l'homme de se poser inlassablement des questions, de rechercher sans cesse la connaissance, afin d'atteindre Dieu ou du moins de jeter quelques lumières sur son existence. De ce fait, depuis, les Anciens (les Grecs), la question de l'existence de Dieu a été et continue d'être l'objet de plusieurs débats dont l'aboutissement conduit soit à l'agnosticisme, soit à l'athéisme, ou au meilleur des cas, à l'émerveillement et à l'affirmation d'un Être Créateur, principe et cause de toutes choses. Le discours sur Dieu n'est donc pas un problème d'actualité. Toutefois, le désir de combler la dimension religieuse de l'homme est resté depuis un certain moment de l'histoire de l'humanité jusqu'à nos jours, un phénomène qui a suscité et qui suscite encore des réflexions sur la possibilité de prouver Dieu. Mieux, le problème de l'existence de Dieu se pose aujourd'hui face à la responsabilité morale et à l'exercice de la liberté de l'homme.

Ainsi, on rejette Dieu au nom d'une certaine affirmation de l'homme. D'une part, c'est l'homme qui se tourne vers le monde matériel avec l'idée de se procurer lui-même ses propres valeurs. D'autre part, au lieu que l'idée de Dieu constitue une source de rencontre pour l'humanité entière, elle est devenue source de division ou de conflit. En effet, l'histoire nous révèle avec beaucoup d'amertumes que la recherche de Dieu s'est souvent transformée en une monstrueuse machine qui, non seulement fragilise les sociétés, mais encore déstabilise et aliène l'homme. N'est-ce pas par exemple au nom de Dieu que s'est perpétrée l'inquisition et que persistent encore les guerres de religion ? N'est-ce pas également au nom de Dieu que la secte Boko Haram au Nigéria et

[1] *Catéchisme de l'Eglise Catholique (CEC)*, Paris, Centurion/Cerf, 1998, n° 27, 35 et 44.

les Musulmans en France massacrent des innocents, détruisent et pillent des villes ? Par ailleurs, la montée croissante de l'individualisme elle-même remet en cause l'idée d'un Dieu créateur de l'homme. Les hommes ne se soucient plus les uns des autres, si bien qu'on pourrait parler d'une mondialisation de l'indifférence : l'homme ne se reconnait plus le gardien de ses frères et l'intendant de Dieu[2]. Pire encore, on assiste à la destruction de l'homme par l'homme pour satisfaire des intérêts égoïsmes. De même, « sous la pression croissante de la concurrence économique et sociale, les types d'activités et les motivations fondées sur la tromperie, la dissimulation et l'envie deviennent plus nombreux »[3], et des actes, autrefois taxés d'immoraux et proscrits, sont aujourd'hui légitimés et légalisés. Faisons ici mention de l'homosexualité et l'avortement. Bref, au nom de la liberté de l'homme, la dignité humaine est bafouillée, voire reléguée à son plus bas niveau. Et cela est une catastrophe humanitaire, puisque désormais, « le monde social commun, est vécu comme un monde désolé, vidé de tout sens même, car la grandeur et l'originalité véritables semblent l'avoir déserté »[4].

Au regard de toutes ces déviations qu'engendre la liberté de l'homme, d'amples questions se posent : l'homme est-il réellement créé à l'image et à la ressemblance du Dieu ? Si oui, comment est-il possible qu'un Dieu si bon et parfait puisse créer un être aussi hostile que l'homme, si nous admettons qu'aucun arbre bon ne peut produit de mauvais fruits ? A y voir de près, c'est l'immuabilité, la bonté et l'omnipotence de Dieu, et par là son existence qui sont remises en question. C'est ainsi que Louis Leahy affirme : « l'existence même de Dieu est jugée impensable en raison, et par là aliénante»[5]. Ainsi, la véritable question serait : Dieu entre-t-il ou non dans la définition de l'homme? Ou du

[2] Genèse 4, 9.
[3] A. Honneth, *La société du mépris. Vers une nouvelle théorie critique*, Paris, La Découverte/Poche, 2008, p. 43.
[4] A. Honneth, *op. cit.*, p. 59.
[5] L. Leahy, *op. cit.*, p. 5.

moins, en quoi la responsabilité morale de l'homme et l'exercice de sa liberté portent-elles atteinte à l'affirmation de Dieu ?

Cette préoccupation sur l'existence de Dieu constitue un problème assez complexe qui va retenir l'attention de bien de philosophes, théologiens et autres penseurs. Ils ont tous élaboré des théories en vue de prouver ou infirmer l'existence de Dieu. Dès lors vont se multiplier les voies pour accéder à la connaissance de Dieu. Parmi tous ces auteurs qui ont affirmé l'existence de Dieu, nous pouvons mentionner : Aristote (384-322 av. J.-C.), Saint Augustin (354-430 ap. J.-C.), Thomas d'Aquin (1225-1274), René Descartes (1596-1650), Blaise Pascal (1623-1662), Emmanuel Kant (1724-1804), Soeren Kierkegaard (1813-1855), Pierre Teilhard de Chardin (1881-1955), Claude Tresmontant (1925-1997), Louis Leahy (1927-2012), etc.

Dans le présent travail, nous nous intéresserons particulièrement à l'apport de Louis Leahy. Philosophe et prêtre jésuite québécois du XXe siècle, Louis Leahy était docteur en philosophie et titulaire d'une Licence en théologie. Fidèle pratiquant du catholicisme, il a mit toute son existence au service de la vie missionnaire, annonçant et vivant l'Evangile dans son entièreté. Philosophe très actif, il travaillait, enseignait et voyageait beaucoup. Il a d'abord enseigné aux Facultés jésuites de Montréal, puis à l'Université du Québec, comme professeur régulier. Il a donné aussi des séries de cours à titre de professeur invité aux Universités d'Ottawa et de Sudbury. Peu après, son zèle missionnaire lui a poussé à Dalat au Vietnam où il eu à enseigner de 1968 à 1975. Ayant quitté le Vietnam au moment de la chute de Saigon, il a offert ses services à la Compagnie universelle de Jésus en Afrique, et fit profiter de sa science et de son savoir philosophique surtout à l'Institut Catholique de l'Afrique de l'Ouest d'Abidjan (Côte d'Ivoire) et à l'Institut Supérieur de Philosophie Saint Pierre Canisius de Kimwenza (Sénégal) de 1975 à 1978. Après ces quatre années au service de l'Afrique, il fut rappelé en 1978 en Orient, plus précisément en

Indonésie, où il développa ses recherches et sa carrière de professeur de philosophie jusqu'à sa mort le 1er mars 2012 à Semarang (Indonésie). Durant ses longues années d'enseignement, le professeur Leahy a été expert en anthropologie philosophie et en théodicée. Passionné d'écriture, il obtient le prix des concours littéraires du Canada français, section théologie, philosophie et sciences humaines, en 1970[6]. Malgré la teneur et la diversité de ses études, un thème demeure fondamental dans l'œuvre de Leahy et qui se faisait sentir dans ses articles, conférences et ouvrages : il s'agit de l'affirmation de Dieu face à l'affirmation de l'homme. Cette nécessité d'une réciprocité entre l'affirmation de Dieu et celle de l'Homme transparaît dans la plupart de ses ouvrages dont : *Dynamisme volontaire et jugement libre* (1963), *L'inéluctable Absolu. Comment poser le problème de Dieu* (1965), *Chemins de l'esprit vers l'Etre. Essai sur l'existence de Dieu* (1970), *L'homme et le problème de Dieu* (1975), *L'homme et l'Absolu. Première partie. Comment poser le problème de Dieu* (1978), *L'homme et l'Absolu. Deuxième partie. Voies ouvertes vers Dieu* (1979), etc.

S'il est vrai que le problème de l'existence de Dieu est au cœur de l'œuvre de Louis Leahy, comme le laisse voir ses ouvrages, sa renommé est due, pour une bonne part, à la perspective anthropologique de sa philosophie et de sa théologie, à sa conviction que, depuis la manifestation de Jésus-Christ, Fils de Dieu et Fils de l'Homme, il est impossible de séparer Dieu et l'homme, de penser l'homme en dehors de Dieu et Dieu en dehors de l'homme. Car dit-il : « l'affirmation justifiée de Dieu ne peut plus aller sans qu'on montre en même temps que c'est en affirmant Dieu que l'homme devient plus pleinement lui-même»[7]. Dès lors, il part de l'intériorité, lieu par excellence de la liberté, de l'homme pour affirmer l'existence de Dieu. C'est-à-dire que pour lui, toute voie vers Dieu se ramène, en fin de compte, à l'explication d'une présence de l'absolu en tout acte de connaissance (dimension noétique de l'intériorité) et en

[6] L. Leahy, *op. cit.,* 2ème et 4ème de couverture.
[7] L. Leahy, *op. cit.,* p. 6.

toute décision morale (dimension éthique de l'intériorité). De façon plus précise, il s'agit de savoir ce qu'on affirme implicitement dès lors qu'on affirme l'être ; ce à quoi on adhère implicitement quand on se reconnaît moralement obligé[8]. Ainsi, partant des voies cosmologiques, notamment de la voie dite « par la finalité », et après avoir mis en exergue l'esprit humain comme chemin vers Dieu, il en vient à montrer comment la valeur morale (Dieu) est le fondement dernier de la liberté dans l'obligation morale.

C'est d'ailleurs tout cela qui justifie cette attention que nous lui portons ainsi qu'à son œuvre. Dès lors, nous nous sommes donné pour tâche d'actualiser sa pensée à travers le thème : **« L'obligation morale, une ascèse au service de la découverte de Dieu. Une lecture de *Voies ouvertes sur Dieu* de Louis Leahy »**. Le problème que soulève ce thème est celui de l'obligation morale comme « preuve » de l'existence de Dieu. Autrement dit, comment la loi morale constitue-t-elle une voie pour la découverte de Dieu ? De cette préoccupation fondamentale découlent des questions subsidiaires à savoir : En quoi consiste l'obligation morale ? C'est-à-dire, sur quoi se fonde-t-elle et quelle est sa finalité ? Si la morale se résumait à la définition de l'agir humain, ne serait-elle pas le chemin vers la dignité humaine ? Quant à la dignité de tout être humain, n'est-elle pas le point de rencontre de l'homme avec Dieu ?

Dans le but d'aborder de façon pertinente ces différentes questions qui constitueront l'essentiel de notre travail de recherche, nous avons opté pour une démarche méthodologique qui structure notre réflexion en trois chapitres. Le premier présentera ce que c'est que la morale, son fondement et sa finalité. Le deuxième fera ressortir les implications de la morale, surtout à travers la conscience et la liberté. Dans le troisième enfin, nous montrerons comment partant de l'obligation morale, nous pouvons aboutir à l'affirmation de l'existence de Dieu.

[8] L. Leahy, *op. cit.*, pp. 6-7.

CHAPITRE I : DEFINITION DE LA MORALE

Ce chapitre est consacré à la définition de la morale. Il s'agit ici de faire voir ce à quoi consiste la morale. En d'autres termes, nous nous proposons de présenter le concept de morale, son fondement et sa finalité. Cela nous permettra de bien voir ses implications qui aident l'homme à se réaliser parfaitement. La raison de ce chapitre est de montrer que la morale est fondée, car l'une des reproches adressée à l'endroit de la morale est d'être relative de temps à autre et de société en société.

1.1. Notion de la morale

Du latin « moralis », la morale désigne l'ensemble des règles ou préceptes relatifs à la conduite de l'action humaine. En effet selon le *Dictionnaire Larousse*, la morale est « l'ensemble des règles d'action et de valeurs qui fonctionnent comme norme dans une société» [9]. C'est aussi une théorie des fins des actions de l'homme. En outre, *le Dictionnaire Petit Robert* quant à lui nous enseigne que « la morale est une science du bien et du mal. Principe d'action, elle est une théorie de l'action humaine en tant qu'elle est soumise au devoir avec pour but le bien ». [10]

D'une part, comme adjectif, la morale est relative aux mœurs. Ainsi, selon le positiviste Levy Bruhl, c'est une science qui décrit les mœurs humaines.[11] Elle est ainsi selon les positivistes une science qui décrit le comportement humain en tant qu'être sociale. Comme telle, elle fonctionne à la manière des sciences de la nature telles que la psychologie et la sociologie qui se fondent spécialement sur l'observation des faits sociaux. Jacques Maritain le souligne en ces termes : « Dans la conception positiviste, (...) la morale est une description des faits sociaux et les valeurs comme les normes se trouvent en

[9] Dictionnaire, *Petit Larousse illustré en couleur*, Paris, Larousse, 1996, p. 673.
[10] P. Robert (Ed.), *Le petit Robert*, tome 1, Paris, 1988, p. 1255.
[11] A. Leonard, *Fondement de la morale*, Paris, Cerf, 1991, pp. 19-22.

même coup toutes relativisées »[12]. A cet effet, la morale est conçue comme l'ensemble des règles acquises dans la société à travers l'éducation et la culture, donc règles extérieures à nous que nous nous approprions afin d'en faire une règle intérieure. C'est dans cet ordre d'idée qu'en psychanalyse, Freud écrit : « la conscience morale que l'on appelle le surmoi, est acquise par l'éducation et notamment par les interdits posés par les parents »[13]. Emile Durkheim, pour sa part, affirme : « quand la conscience morale parle en nous, c'est la société qui parle en nous ».[14]

D'autre part, la morale peut être définie comme une doctrine ou une science spéculative dont l'objet est constitué par la moralité des actes humains. Elle concerne en ce sens ce que l'homme doit être. C'est ce que René Simon souligne en ces termes : « comme toute discipline philosophique, elle a rapport avec l'être ».[15] Pour bien clarifier cette idée il continu en précisant : « l'être dont il est question ici, c'est celui de l'acte moral, c'est-à-dire cette plénitude de perfection qui est aussi une perfection d'être et qui fit qu'un acte est moralement bon ».[16]Cette réalité de la morale avait aussi retenu l'attention du philosophe et anthropologue Michel Anselme lorsqu'il se préoccupait du fondement des valeurs de la morale en générale. Ainsi, pour lui, « chacune des définitions concevables invite à conclure qu'elle reste l'ensemble des règles de conduite qui permet aux sociétés humaines de durer en protégeant en l'homme ce qui lui rend humain ».[17]

La définition que Michel Anselme donne à la morale, englobe en fait la conception des positivistes, qui voyaient en l'homme seulement sa nature d'être sociale, et la conception des antiques qui la donnaient une réalité extra mentale.

[12] J. Maritain, *Neuf leçons sur les notions premières de la philosophie morale*, Paris, Téqui, 1949, p. 7.

[13] Netprof.fr, *Cours de philosophie-La spécificité de la morale kantienne*, in « http://www.netprof.fr/.../PHILOSOPHIE_La_specificite_de_la_morale_de_Kant.pdf » (25/02/2015, 15h15).

[14] Netprof.fr, *Cours de philosophie-La spécificité de la morale kantienne*, in « http://www.netprof.fr/.../PHILOSOPHIE_La_specificite_de_la_morale_de_Kant.pdf » (25/02/2015, 15h15).

[15] R. Simon, *Cours de philosophie thomiste*, Paris, Beauchesne, 1960, p. 24.

[16] *Idem.*

[17] M. Anselme, *Après la morale quelles valeurs*, Paris, Beauchesne, 1989, p. 11.

Ainsi nous comprenons que la morale va au-delà de ce qui est, pour désigner ce qui doit être.

En effet, la morale, en ayant un caractère social, concerne l'homme dans son intériorité. Car ce dernier n'est pas seulement un être social comme nous le dit Aristote, mais aussi, il a quelque chose en lui, qui lui rend humain ou qui le transcende, tout en lui distinguant des autres animaux. L'homme est réellement, dans la perspective de Hume, un être d'expérience sur la base duquel la distinction est faite entre les valeurs fondamentales : le Bien et le Mal. Cela sous entend que la morale, tout en désignant ce que l'homme doit être, fait donc l'état des valeurs. C'est ce que Bertrand Vergely soulignait à son tour lorsqu'il écrit : « Il y a des valeurs que l'on ne peut pas relativiser ; ou bien il y a plus de valeurs. Et c'est la morale qui nous le rappelle ».[18] Pour lui, la morale à un caractère, relatif selon la réalité des sociétés ; elle change de société en société et de pays en pays.[19]Mais cette relativité n'est de manière à prouver ce qui est réellement la morale. Car c'est parce qu'il y a quelque chose comme valeur absolue que nous avons des valeurs relativisées. Il écrit : « tout n'est pas relativisable. Quand on parle de relativiser la morale afin de respecter autrui ainsi que l'être honnête, n'est-ce pas parce que l'on considère que la valeur du respect et de l'honnêteté ont une valeur en soi ? »[20] En d'autres termes, « les hommes cherchent à vivre dune façon plus haute, plus digne. Aussi cherchent-ils à vivre moralement en relativisant parfois la morale pour le bien de la morale ».[21]

Au-delà de toutes ces réalités, la morale est à distinguer avec l'éthique qui, se proposant de définir les principes pour la conduite de la vie, se range dans l'ordre quasiment théorique ou spéculative des principes moraux. Puisqu'il s'en suit qu'une science spéculative s'organise autour de la notion de vérité

[18] B. Vergely, *Les grandes interrogations morales*, Paris, Les essentiels Milan, 1997, p. 5.
[19] *Idem.*
[20] B. Vergely, *op. cit.*, p. 5.
[21] *Idem.*

théorique qui est la conformité de la connaissance avec ce qui est. La morale, selon les termes de René Simon, « comme toute science pratique (...) ne se propose pas seulement de connaître pour connaître, mais connaître pour diriger l'action »[22]. Elle dit par exemple « il ne faut pas tuer », l'éthique demande « pourquoi il ne faut pas tuer ? » ; ainsi avec l'éthique, il s'agit de savoir comment définir une action bonne ou en d'autres termes « qu'est-ce qui fait qu'une action est morale ? ». Elle s'interroge subséquemment pour déterminer une manière de vivre conforme aux fins de la vie humaine et les moyens de l'atteindre[23]. Sa finalité semble faire donc d'elle une activité pratique, mais en réalité, elle est plus théorique que pratique. Et comme le dit David Hume, l'éthique est le domaine des règles de définition de la vie bonne. Il écrit :

> l'existence de deux termes concurrents, pour désigner un même domaine de la philosophie, a donc permis de nommer séparément ces deux genres de réflexions en réservant le nom de morale à celle qui prend l'ensemble des normes pour objet, et celui d'éthique à l'étude de l'application de ce qui est bon. Il est clair que si l'on adopte cette distinction, qui n'est justifié ni par l'étymologie ni par un usage solidement établi, que l'éthique prévaut sur la morale [24]

De préférence, l'éthique désigne d'une manière générale la réalité naturelle dans laquelle, une particularité est abordée par la morale en ce qui concerne la position de l'homme dans cette nature ordonnée et hiérarchisée dont la raison est Dieu. Cependant David Hume précise que cette distinction est loin d'être une réalité étymologique. Bref, l'éthique est philosophiquement définie comme science qui réfléchit sur la morale. Cela nous laisse devant la nécessité de chercher à savoir sur quoi se fonde la morale.

[22] R. Simon, *op. cit.,* p. 21.
[23] J. Russ, *Mémo-Références. Philosophie : les auteurs, les œuvres*, Paris, Bordas, 2003, p. 97.
[24] D. Hume, *Traité de la nature humaine*, Paris, Flammarion, 1993, p. 13.

1.2. Le fondement de la morale

Depuis l'antiquité, bien des penseurs, plus précisément les penseurs de l'humanité, ont tenté d'une manière et d'une autre d'énoncer un système, capable de fournir des normes intangibles du comportement humain en vue de permettre à tous les hommes de choisir le bien et de rejeter le mal. Déjà Socrate se posait cette question : « De quelle façon doit-on vivre pour qu'elle soit la meilleure possible? »[25] En effet sa doctrine, s'il y en a une, n'était qu'un ensemble de réponses à cette unique question qui traduit son souci existentiel et éthique fondamental. Cela montre bien que la question du fondement de la morale ne date d'aujourd'hui.

Au fait, chacun de ses penseurs s'efforçait de trouver un principe universel, reconnu et accepter par tous, selon lequel toute action humaine serait digne et distinguée de tout acte des autres êtres. Ainsi l'homme pouvait s'affirmer au monde et se distinguer des animaux et des plantes avec qui, il partage la vie. Comme cela, tout le comportement humain serait unanime, ayant un seul but ou finalité d'existence digne de la nature de l'homme. Ce fondement, il fallait le penser selon les moralistes antiques, en rapport avec l'ordre établi par les lois de la nature. Car la nature était conçue comme ce qui est, harmonieusement ordonné et finalisé, et qui est régit par les lois parfaites, traduisant la nature parfaite de tous les hommes. Ce qu'une chose est lorsqu'elle est en ordre, c'est ce qu'elle doit être selon la loi naturelle. De ce fait, l'ordre naturel est pour les anciens penseurs de l'humanité la norme et le modèle que l'homme doit suivre afin de trouver sa nature d'être. La morale a donc chez eux un fondement métaphysique. C'est dans cette optique que Jacques Maritain affirmait :

> Dans la grande tradition classique qui s'est développée depuis Socrate, la philosophie morale peut être caractérisée comme une éthique cosmique-réaliste. Nous disons éthique cosmique, c'est-à-dire fondé sur une vue de

[25] N. Baraquin et J. Laffite, *Dictionnaire des philosophes* (2ème éd.), Paris, Armand Colin, 2000, pp. 303-304.

la situation de l'homme dans le monde ; nous disons éthique réaliste, c'est-à-dire fondé sur des réalités extra mental qui sont l'objet d'un développement et d'une philosophie de la nature.[26]

L'homme est donc l'objet de la moralité, mais la loi à laquelle il doit se conformer n'est pas en lui. Il doit se conformer par rapport à la loi de la nature qui l'oblige ordinairement. Cependant, la nature est-elle si digne pour que l'homme trouve en elle sa dignité? Cette même question avait aussi retenu l'attention du philosophe Bertrand Vergely. Ainsi pour lui, « si la morale est naturelle, l'immoralité l'est aussi ».[27]Là s'énonce clairement la critique du fondement de la morale par les modernes à l'endroit des anciens.

En effet, selon les modernes, la nature est déchue et corrompue par le péché originel. Donc il y a un mal radicale dans la nature qu'il faut dépasser par obligation si l'on veut trouver sa nature d'être. Alors la nature pour eux ne peut donc pas être le modèle sur lequel la moralité pourrait être fondée. En cela, dans les *Fondements de la métaphysique des mœurs,* Kant propose de remonter jusqu'aux principes suprêmes de la moralité en s'appuyant sur les jugements moraux de la conscience commune. Tout être doué de raison, selon Kant, n'a pas à attendre de la philosophie ou de la religion qu'elle lui enseigne ce qu'est le bien moral[28]. Il est à même d'en décider par lui-même. Ainsi on trouve chez lui une philosophie morale qui se réclame des lois de la raison. Pour Kant, seule la bonne volonté peut être estimée bonne en elle-même, absolument et sans restriction, car ce qui la fait telle, ce ne sont ni ses succès, ni ses œuvres mais le seul vouloir, la pure intention qui l'anime[29]. Cette bonne volonté est celle-là même qui n'inspire aucune inclination sensible, mais qui se détermine à agir uniquement sous le principe de la raison. C'est un devoir pour tout homme de poser une action bonne; ce qui revient à dire qu'agir par devoir, c'est dépasser

[26] J. Maritain, *op. cit.,* p. 1.
[27] B. Vergely, *op. cit.,* p. 8.
[28] N. Baraquin et J. Laffite, *op. cit.,* p. 169.
[29] N. Baraquin et J. Laffite, *op. cit.,* pp. 169-170.

les instincts sensible pour obéir à la raison[30]. Ailleurs, Avec la *Critique de la raison pratique*, il tentera d'élucider le problème de l'agir chez l'humain à l'aide de sa pure raison. Par conséquent, la raison est pour Kant le fondement de la morale. Il n'y a pas à se conformer à la loi naturelle

Mais fonder la morale sur la raison n'engendre-t-il pas le danger de sombrer dans l'isolement ? Face à cette question, Michel Anselme affirme qu'il faut se garder de la confusion de la morale avec le moralisme. En d'autres termes, la morale ne peut pas être fondée en se basant sur la morale de chaque personne. Si la morale se définie comme l'ensemble des lois qui permettent aux sociétés humaines de durer en protégeant en l'homme ce qui lui rend humain, il faudra entendre le moralisme comme « la prétention de certains à vouloir universaliser les principes qui découlent de leur propre opinions ».[31] Selon Anselme donc, la raison peut être le fondement de la morale ; mais fonder la morale sur les principes personnels, c'est prouver le contraire de la morale. Le fondement de la morale doit révéler un caractère absolu ou universel. Elle doit donc être définie de telle sorte qu'elle soit la référence de tous les autres principes. Ainsi pour David Hume :

> Puisque la morale a une influence sur les actions et les inclinations, il s'ensuit qu'elle ne peut provenir de la raison, et cela parce que la raison prise isolément, ne peut jamais avoir une telle influence (…) La raison morale éveille les passions, elle produit ou empêche l'action. La raison est elle-même totalement impuissante en ce domaine. Les règles de moralité ne sont donc pas des conclusions de notre raison.[32]

La morale de Kant, fondée sur le devoir avec la raison comme principe de conformité, est un pur moralisme. Comme tel, elle refuse toutes valeurs aux considérations de perfection et d'idéaux. Elle ne laisse que subsister une forme impérative qui attend son contenue : inclination ou devoir. Ainsi donc, fonder la morale sur la raison, c'est ignorer la réalité transcendantale de l'homme ou

[30] N. Baraquin et J. Laffite, *op. cit.*, p. 170.
[31] M. Anselme, *op. cit.*, p. 11.
[32] D. Hume, *op. cit.* p. 51.

l'absolu de qui toute chose trouve sa source et son achèvement. Ceci plonge Kant dans la conception de Protagoras selon laquelle l'homme se suffit à lui-même à travers sa faculté réflexive d'appréhension de tout ce qui l'entour en les donnant sens. Au fait la légitimité de la morale se justifie par rapport à la validité réelle, objective des normes et des valeurs morales. C'est ce qui nous oblige conséquemment à concilier l'ordre rationnel et l'ordre métaphysique en ce qui concerne le fondement de la morale. Car selon Jacques Maritain, « il faut établir une morale qui soit fondée sur les bases proprement philosophique à la fois métaphysique et physique qui traduit le regard sur les lois de la nature »[33]

En effet, c'est chez saint Thomas que nous pouvons trouver cette réalité fondamentale qui puisse révéler la légitimité de la morale à juger d'un acte de morale ou non. Car la métaphysique de Saint Thomas est spécifiquement rationnelle et sa morale se présente comme un concept des valeurs, dans lequel le devoir est indissociablement en rapport avec la raison et la loi naturelle. En cela Jacques Maritain conclue en ces termes:

> Lorsque nous cherchons à dégager le caractère typique du comportement de l'homme, nous somme obligé de nous plonger dans l'univers des valeurs absolu parce que nous avons affaire au comportement d'un être doué de raison, donc de liberté et dont dépend des vues prise par cette intelligence, cette raison , sur des valeurs des essences, des normes transcendant les accidents de l'existence et ayant une signification inconditionnée[34]

La morale, visant la valeur de l'existence humain ne peut que se fonder par rapport à la réalité métaphysique et celle physique dans lesquelles se définie la valeur de l'homme. Ce qui reste à savoir est si réellement les valeurs de la morale déterminent les valeurs de l'homme.

[33] J. Maritain, *op. cit.,* p. 18
[34] J. Maritain, *op. cit.,* p.19.

1.3. Finalité de la morale

Protéger en l'homme ce qui lui rend humain était la préoccupation cruciale des penseurs de l'humanité qui ont fondé la morale. En d'autres termes, si l'homme n'avait pas découvert les règles de conduite qui, après lui avoir permis de sortir de son animalité, lui ont permis de ne pas y retourner, il ne serait pas parvenu jusqu'à son état actuel.[35] Ainsi, chercher à définir la morale était de se questionner sur la nature humaine ; car selon les termes de Jean Mbarbas, « la nature humaine est pour beaucoup de penseurs une référence sûre et fondamentale pour la vie de la morale »[36]. Dès lors que l'objet de la morale est l'action humaine nous nous convenons que sa finalité n'est rien d'autre que la finalité de cette action. Au fait, les questions que nous nous posons sur la valeur humaine à protéger ou à promouvoir tiennent leurs sens de l'idée que nous nous faisons de la personne humaine, de son rôle au monde et de son devenir ou autrement de son existence et de sa finalité. De cette finalité dont la réalité dépend des préférences, on a pu donner plusieurs définitions à la morale. Ainsi faisons-nous mention d'une part, de la morale du devoir dont la finalité révèle une contrainte en ce sens que ce devoir se présente comme une obligation à faire ou à ne pas faire quelque chose. D'autre part, on a la morale du bonheur qui répond à la question « que dois-je chercher » de la finalité de l'existence selon les philosophes antiques. Aussi, faisons-nous mention de la morale des valeurs qui est le rapport entre la morale du devoir et celle du bonheur, avec la question de savoir si les valeurs humaines sont déduites des fins ou des règles qu'on s'est donné[37]. Néanmoins, la réalité est que la morale est un concept qui s'intéresse à la finalité du comportement humain. Comme discipline caractérisée par les règles qui fonctionnent comme les normes, la morale éclaire la conscience individuelle et celle collective des membres de la société. Elle donne des repères

[35] M. Anselme, *op. cit.*, p. 34.

[36] J. Mbarbas, *Valeurs morales, valeurs humaines*, Yaoundé, Groupe éthique, 2002, p. 19.

[37] *La morale : les principales problématiques*, in « http://ww.ac-grenoble.fr/PhiloSophie/logphil/notions/morale/.../problem.htm » (07/03/2015, 18h09)

capables d'éclairer et d'orienter les individus et les sociétés, elle apprend l'homme à distinguer le bien du mal et à préférer le bien. En ce sens, elle aide l'homme à définir sa finalité à travers ses actes ou comme Aristote, à chercher son bonheur suprême, le Bien, en considérant toutes ses préférences comme moyen.[38] C'est donc la liberté de l'être humain que vise la morale en exigeant de lui obligatoirement le respect rationnel des lois de la communauté humaine et celles de la nature dont la raison est Dieu.

De tout cela, nous pouvons conclure que la notion de la morale renvoie au moins à trois choses, mais concerne l'homme. Se distinguant de l'éthique mais aussi de l'art en ce qui concerne leur finalité par rapport à l'homme, elle est un ensemble de prescriptions concernant les actions permises ou défendues et généralement suivies dans une société donnée. Ainsi elle est destinée à régler la conduite d'un être humain pour lui donner forme. De plus, la morale est une doctrine qui se pose la question sur la finalité des actions de l'homme pendant son existence. Elle est en ce sens destinée à orienter par sa loi, la conduite des êtres humains en révélant l'homme le but ultime et le sens de son existence dans le monde. Par ailleurs, elle s'intéresse à l'ensemble de valeurs fondamentales dont dépend le choix de nos actions avec l'expression du bien fondé des règles qui rendent l'homme libre et autonome. Qu'implique-t-elle, la morale, pour un agent qui fait siennes les normes de conduite morale? A quoi la morale conduit-elle l'homme ?

[38] Aristote, *Ethique à Nicomaque*, Paris, PUF, 1998, pp. 43-47.

CHAPITRE II : L'IMPLICATION DE LA MORALE

L'admission des lois dans la société des hommes suscite toujours des résistances en raison de leur possibilité d'être injustes. Cette attitude semble provoquer la perte de confiance en la morale qui se veut une discipline prescrivant les lois de conduite humaine. Définissant la loi comme une ordonnance de la raison, la tendance est forte qu'on traite la morale de moralisme. De ce fait, il nous revient de définir dans ce chapitre la particularité de la morale pour l'homme à qui les lois sont prescrites de manière à le conduire à sa réalisation parfaite.

2.1. Notions de devoir et d'obligation

Les termes « devoir » et « obligation » sont généralement utilisés pour exprimer l'atmosphère qui règne entre les sujets dans la pratique de la loi morale. Ainsi ce paragraphe se propose de donner une clarification de ces deux termes.

➢ Devoir

Le mot devoir tient son étymologie du latin "debere" et désigne une obligation morale[39]. Dans la vie ordinaire, il énonce ce qu'on est dans l'obligation de faire. Il sert aussi à formuler et à décrire la relation qui existe entre nos actions et les fins que celles-ci poursuivent.

Dans l'Antiquité, ce concept était entendu comme ce qui convient de faire, ce qu'il faut ou encore ce qui est conforme à la loi naturelle. C'est pourquoi avec Cicéron il se présentait comme ce qui a de la valeur, c'est-à-dire comme la chose qui ou bien est de soi-même conforme à la nature ou bien produit quelque résultat de ce genre.

[39] J. Russ, *op.*cit, p.71

Au Moyen-âge, le concept de devoir ne se saisit que dans le cadre de la pensée chrétienne. Avec Saint Thomas d'Aquin, le concept de devoir moral se définit comme un agir en conformité avec la volonté divine. En effet, pour lui, le devoir est comme la loi éternelle de Dieu puisque la fin ultime de l'être humain, son bonheur, est d'accomplir la volonté de Dieu. Aussi, précise t-il que le siège du devoir est la conscience humaine, parce que la conscience peut se tromper, mais il revient à la raison naturelle de l'accorder le soutient nécessaire devenu devoir. Dès lors, le devoir n'est plus de l'ordre divin mais se transforme en une action accomplie avec l'effort propre de l'homme[40].

Le lieu où la pensée du devoir atteint le plus haut niveau spéculatif, demeure la philosophie moderne allemande avec des auteurs comme Pufendorf, Wolf, Fichte, mais surtout avec Emmanuel KANT qui fit du concept la plus grande synthèse et la critique la plus splendide. Dans son œuvre *Critique de la raison pratique*, KANT fait l'apologie du devoir, et plus loin, il fait de lui une vénération[41]. En clair, « le devoir est la nécessité d'accomplir une action par respect pour la loi »[42]. Cette conception Kantienne du devoir sera fortement critiquée par certains penseurs comme Schopenhauer et Nietzsche. Toutefois, elle aura un impact considérable dans la pensée contemporaine.

➢ L'obligation

Du latin "*obligatio*", l'obligation désigne l'action de répondre. Selon le droit, c'est le lien juridique par lequel une personne est astreinte (envers une autre) à faire ou à ne pas faire quelque chose. Du point de vue moral, l'obligation désigne le caractère impératif constituant la forme de la morale (l'obligation suppose la liberté et s'oppose à la contrainte)[43]. Un des traits de la valeur morale est le caractère d'obligation qu'elle présente. En effet, il n'y a pas

[40] Thomas d'Aquin, *Somme Théologique*, Paris, Cerf, 1997, pp. 42-43.
[41] E. Kant, *la raison pratique*, Paris, PUF, 1956, p. 83.
[42] E. Kant, *Fondements de la Métaphysique des mœurs*, Paris, J. Vrin, 1997, p. 66.
[43] J. Russ, *op. cit.*, p. 196.

de morale sans obligation. « Imagine-t-on dit Bergson, un devoir qui n'obligerait pas »[44]. Dès lors, l'obligation est distincte de la contrainte et de la nécessité. Contrainte et nécessité ont en commun qu'elles excluent le choix. L'obligation le suppose[45]. Cependant, l'obligation sous sa forme actuelle se présente non seulement comme une pression sociale mais aussi comme étant liée à la nature.

En effet, l'obligation apparait tout d'abord comme la nécessité ou nous sommes obligé d'obéir, grâce à un « *système d'habitudes* », à la pression de la société. Cette pression sociale n'est pas à l'extérieur de l'individu ; car l'obéissance à la société est au fond, une obéissance du moi individuel au moi social : l'individu obéit à ce que la société a déposé d'elle-même en lui[46]. Ensuite, l'obligation a partie liée avec la nature : c'est dans cette vision morale que s'inscrit la pensée de Kant et d'ailleurs celle de Louis Leahy. Elle n'est pas la contrainte physique qui s'imposerait à l'agent de l'intérieur ou de l'extérieur, à l'encontre du choix de sa volonté libre. Elle laisse entière la liberté ; bien plus, elle la suppose ; elle lie ma liberté de choix sans la nécessiter[47]. L'obligation se résume alors en une nécessité morale[48]. Ailleurs Kant affirme : « l'obligation est la nécessité d'une action libre sous un impératif catégorique de la raison »[49]. Elle implique dès lors le respect à une loi qui transcende l'homme sous la forme d'une étincelle divine en lui. Cette dernière devrait le conduire à agir de telle sorte que la maxime de son action puisse être érigée en règle universelle. L'obligation morale est donc pour Kant cette loi[50] qui constitue la maxime d'action. Quant à Bergson, il soutient que « l'essence de l'obligation n'est autre chose qu'une exigence de la raison (...). Au fond de l'obligation morale il y a l'exigence sociale »[51]. Néanmoins, c'est d'ailleurs dans la perspective kantienne

[44] H. Bergson, *Les Deux Sources de la morale et de la religion*, Paris, PUF, 1932, p. 29.
[45] R. Simon, *op. cit.*, p. 99.
[46] R. Simon, *op. cit.*, p. 19.
[47] R. Simon, *op. cit.*, p. 208.
[48] E. Kant, *Fondements de la Métaphysique des mœurs, op. cit.*, p. 100.
[49] E. Kant, *Doctrine du droit,* Paris, J. Vrin, 1986, p. 96.
[50] E. Kant, *Doctrine du droit, op. cit.*, p. 103.
[51] H. Bergson, *op. cit.* pp. 18-25.

que Louis Leahy s'inscrit lorsqu'il emploie le terme obligation. Pour lui, l'impératif catégorique de Kant est de manière à rendre l'homme conscient de sa nature d'être par l'accomplissement de ses actes dans la liberté, mais par devoir.

2.2. La particularité de la morale en rapport avec l'homme

L'une des caractéristiques de la morale est la prescription des normes ou des lois universelles de manière à diriger l'action humaine pour aider l'homme à quitter son animalité et se lancer dans la quête de son hominité[52]. Elle concerne donc l'homme dans ce qu'il ya de particulier en lui. Nous voyons de ce fait en la morale une particularité objective par rapport aux autres disciplines qui traitent des lois d'une manière universelle soit pour la vie en communauté soit pour le respect de la nature. Certes, la morale est une discipline pratiquement objective en ce qui concerne l'homme dans la nature. Mais elle présente une particularité en termes de jugement des valeurs.

En effet, ce qui importe ici de savoir, c'est que même dans la connaissance spéculative, nous avons d'authentiques jugements des valeurs ; mais il s'agit des degrés de valeur de bien ou de bonté. Ces degrés de bonté ou de perfection sont plus spontanément manifestés à notre connaissance, que des degrés de l'être. La morale cherche à faire découvrir l'homme ce qu'il a de bonté en lui, spécifiquement dans son être comparativement aux autres êtres. Car si nous prenons les autres êtres, ils ont quelque chose qui justifie leur existence. Ils ont une plénitude d'être qui les rend libre et autonome d'exister. Cependant, depuis les atomes jusqu'à l'homme, il y a à identifier les plénitudes, mais il n'y a pas à les assimiler comme ayant une même réalité d'être ; nous n'avons qu'à les distinguer. C'est ainsi qu'il y a des degrés de perfection dans un certain genre ou dans une certaine catégorie. De la façon dont nous avons les

[52] Hominité : ce mot a été utilisé par M. Anselme dans son livre *Après la morale quelles valeurs*, pour désigner ce qu'il y a dans l'homme et qui le différencie des autres animaux.

êtres parfaits, des êtres plus ou moins parfaits et même des êtres imparfaits, c'est de la même manière que l'homme est différent des autres êtres de la nature.

En fait, l'homme avec tout ce qui l'entoure constituent l'ensemble des êtres finis avec comme principe d'être parfait et principe d'être imparfait ; mais l'homme est un être strictement perfectible, c'est-à-dire qu'il a une obligation de se parfaire. Telle est évidemment ce que vise la morale pour l'homme. En effet, la morale veut que l'homme soit ; qu'il s'affirme et se sente libre et autonome. C'est d'ailleurs ce que Michel Anselme affirme en ces mots :

> Dans leur globalité, les moralistes ont catégoriquement fondé qu'il fallait que l'homme soit. Qui oserait prétendre d'ailleurs que l'éthique étant l'élément et le propre de l'homme, on pourrait théoriser sur l'un ou l'autre en ignorant l'inexistence de l'être humain ? L'éthique est son élément caractéristique, certes, mais encore faut-il préciser qu'il s'agit de l'homme réel, de l'homme concret bref de l'homme vivant. Et cette évidence entraine le fondement de valeurs essentielles, auxquelles l'humanité ne peut se dérober sans courir au risque de disparaître.[53]

Nous voyons donc suit à cette affirmation que la conscience de sa valeur est ce que doit chercher l'homme lorsqu'il vit avec en tête une finalité à atteindre. Car c'est lorsque l'homme connait sa valeur d'être et se met à sa quête qu'il affirme son existence. Et comme le dit jacques Maritain, « *la* valeur est la ligne de l'action humaine »[54], mais il distingue la mal du bien dans leur similitude de valeur. Ainsi, il affirme qu'en morale, « le mal est l'absence d'un bien qui devrait être là, d'un bien qui est la consonance ou la conformité de l'action avec sa règle, c'est-à-dire la raison »[55]. L'affirmation de Jacques Maritain laisse donc voir que la valeur dont il est question en l'homme se nomme " bien", et c'est ce qui lui différencie des autres animaux. Car selon lui, le bien est le fruit de notre raison qui est absente chez les autres êtres. L'homme qui raisonne doit savoir distinguer le bien du mal et choisir le bien.

[53] M. Anselme, *op. cit.*, p. 31.
[54] J. Maritain, *op. cit.*, p. 46.
[55] *Idem.*

Cependant, une chose est d'avoir la raison et l'autre chose est d'agir sous l'usage de cette raison. Si le mal est la privation de la conformité de l'action libre avec sa règle ou sa mesure, nous comprenons donc la nécessité pour l'homme d'avoir la conscience de la valeur qui est spécifiquement humaine. Car, la réalité possible pour l'homme d'être priver de sa « liberté » montre qu'il doit faire une violence sur lui-même, violence qui se manifeste comme une obligation afin d'être libre et autonome. En cela, nous pouvons affirmer qu'un agent moral est celui qui a la connaissance de la valeur humaine à travers le respect des lois prescrites. Ainsi, notre idée de personne humaine émane de la loi qui est caractère particulière de la morale. En effet, dans cette particularité de la morale en rapport avec l'homme, c'est la conscience de sa valeur qui lui ouvre les voies accessibles à sa dignité personnelle. En d'autres termes, la morale, au sens général ne concerne pas l'homme ; c'est la conscience née du devoir au sens de l'obligation qui procure à l'homme la connaissance réelle de son être sans lequel il cesse d'être homme. Et selon René Simon, « il n'y a pas de morale sans obligation »[56]. C'était aussi la préoccupation de Louis Leahy lorsqu'il écrit : « le sens de la beauté comme d'ailleurs le sens de la morale, n'a pas de rapport direct avec les personnes, (...) ; la conscience s'adresse aux personnes d'abord, aux actions ensuite vue à travers leurs auteurs, ou plutôt elle s'adresse au moi seul et à ses actes ».[57] Pour Louis Leahy donc, la conscience place la morale dans un mode de connaissance en rapport directe avec l'être qu'on ne peut trouver dans le mode scientifique ni esthétique. Pour les esthéticiens, la connaissance de l'être est une attitude dans laquelle le sujet s'identifie à travers ses productions artistiques ; c'est pourquoi pour mieux éclaircir cette réalité, André Mercier souligne ceci : le rapport qui s'établi entre le sujet et l'objet

[56] R. Simon, *op. cit.*, p. 199.
[57] L. Leahy, *op. cit.*, p. 61.

(mode de connaissance esthétique) n'est pas le rapport du sujet envers soi-même (mode connaissance morale)[58]

Certes, par la conscience morale, l'homme touche du doigt son moi ; mais cela n'est pas à la manière de la science du beau. Cette dernières concerne ce qu'il y a de beau dans l'homme dont les œuvres en sont la traduction d'extériorité. Mais quand à la conscience morale, nous avons affaire à une réalité naturelle qui surpasse l'homme en le transcendant. En cela Newman affirme : « le sens de beauté tien lieu de tout à lui-même, il n'en appelle qu'à son propre sentiment de beau ou du laid. La conscience au contraire ne se repose pas uniquement sur elle-même ; elle tend vaguement à quelque chose qui dépasse et qui discerne dans les décisions une sanction supérieure à soi ».[59] Nous comprenons par là que l'implication de la morale est belle et bien loin des sentiments qu'éprouve un être humain. La morale est spécifiquement une obligation rationnelle dont l'aboutissement est la conscience de soi comme être responsable et libre du choix de ses actes desquels dépend la valeur de son existence dans le monde. Cela soutient notre raisonnement selon lequel nous parlons de la conscience comme voie vers Dieu dont nous ne songerons jamais à nous servir lorsqu'il s'agit de la beauté. Cependant, comment la conscience naît-elle en l'homme ?

2.3. La conscience, née de l'obligation morale

Une chose est de connaître les lois prescrites pour que l'homme se réalise, et l'autre est de pouvoir mener parfaitement des actions volontaires et libres, conformes à cette loi. Ainsi, remarquons-nous, il y a une opposition qui marque l'intervalle entre loi universelle et l'action pratique ; mais c'est dans cet intervalle que vient s'installer la conscience de soi comme une médiatrice entre

[58] A. Mercier, *De l'amour et de l'être*, Paris, Louvain, 1960, pp. 77-79.
[59] J-H. Newman, cite par L. Leahy, *op. cit.,* p. 62.

la loi et l'action. Voilà donc l'implication de la morale. Elle met l'homme en face de soi-même où celui-ci se trouve libre et autonome.

En effet du Latin « conscientia », qui signifie connaissance ou science partagée avec un autre. La conscience est une faculté intellectuelle, entendue comme un témoin, qu'a l'homme de connaître immédiatement ses états ou ses actes intérieurs, ainsi que leur valeur morale. Psychologiquement, elle renvoie au sentiment ou à l'intuition plus ou moins nette de ce qui se passe en nous ou même hors de nous. En ce sens, elle est un savoir qui accompagne l'activité psychique et la rend présente à elle-même. Grâce à ce savoir, le sujet sent qu'il sent, connaît qu'il connaît. Pour que l'on se rende compte de lui-même, il faut nécessairement avoir conscience de soi ou de son existence, car avoir conscience, c'est se rendre compte de son existence. C'est en ce sens que Jean Paul Sartre souligne « exister et avoir conscience d'exister ne font qu'un »[60]. En d'autres termes, « toute conscience est conscience de quelque chose ».[61] La conscience est un état dans lequel surgit la présence réfléchie de soi bien entendu comme sujet et la présence de l'autre distinctivement du sujet. C'est pourquoi d'autre part, dans l'être et le néant, il reprend : « l'être de la conscience en tant que conscience, c'est exister à distance de soi comme présence de soi ».[62]

En outre, la conscience, dans ce sujet qui s'inscrit dans le domaine morale, est la faculté de porter jugement sur la valeur morale des actes humains ; elle est en ce sens le résultat d'un sentiment immédiat en face de cette valeur morale. En guise d'exemple, ce peut être une douleur comme sentiment proprement morale qui suppose une conscience orientée vers le bien ou le devoir et qu'on appelle remord ou regrets ; un tel résultat peut être qualifié de conscience moralement bon. Aussi, ce peut-il être un sentiment égoïste comme

[60] J.-P. Sartre, *L'imagination*, Paris, PUF, 1948, p. 125.
[61] J.-P. Sartre, *L'imagination*, *op. cit.*, p. 144.
[62] J.-P. Sartre, *L'être et le néant*, Paris, Gallimard, 1948, p. 120.

la crainte des sanctions qui menacent celui qui a mal agit. En ce sens, une telle conscience à strictement considérée, n'a rien de moralement bon. Car c'est de la conscience que résulte la liberté du sujet qui se réjouit de son existence. C'est dans cette perspective que Louis Leahy s'inscrit, voyant alors dans conscience, la nature humaine ou le fondement de la valeur de tout homme. Il affirme : « c'est dans la conscience que je prends la responsabilité de mes actes, que je saisis ma liberté sur le vif »[63]. Par ailleurs, « la liberté n'a de sens concret qu'au niveaux des valeurs, parmi lesquelles émerge toujours la valeur morale. Il faut faire le bien, veut dire je dois réaliser telle ou telle valeur dans ma vie concrète pour ne pas déchoir au moins à mes propres yeux ».[64] Nous affirmons donc que la liberté est conséquemment ce qu'implique une action morale.

2.4. La liberté, propriété de l'homme dans la conscience

Selon *l'encyclopédie philosophique universelle*, le mot liberté vient du Latin ''*Libertas*''; condition de l'homme libre. *L'encyclopédie* montre son évolution en ces termes :

> C'est dans sa signification éthique, s'appliquant au pouvoir de décision du sujet moral, que le terme apparaît d'abord en français. A partir du XIIIe siècle, il emprunte progressivement au terme latin ses multiples significations, et notamment : l'état de celui qui ne dépend pas d'un maitre, de celui qui n'est pas prisonnier, ainsi que l'absence de contrainte sociale. De façon générale, est libre, le sujet qui, dans une situation donnée, peut agir conformément à son jugement[65].

Cette définition nous permet de mettre en évidence une double articulation de la liberté : la liberté physique et la liberté psychologique.

La liberté physique se définit comme le pouvoir de se mouvoir sans contrainte. La notion de liberté ne prend son sens ici que par rapport à une dépendance particulière dont il désigne la privation : dire d'un homme qu'il est

[63] L. Leahy, *op. cit.*, p. 60.
[64] *Idem.*
[65] Encyclopédie philosophique universelle, *Les Notions Philosophiques*, tome 2, Paris, PUF, 1990, p. 1470.

libre peut par exemple, vouloir dire qu'il n'est pas esclave, qu'il n'est pas en prison, qu'il n'obéit pas à un régime policier etc. Est donc libre physiquement, celui qui a la possibilité d'agir de plein gré et ne saurait être contraint par une force extérieure ; c'est l'exemple de celui qui a la faculté d'obtenir certaines fins sur le plan social et politique.

S'agissant de la liberté psychologique, elle se définit comme le pouvoir qu'a tout homme de choisir, de s'autodéterminer. Cette dernière approche s'analyse donc comme un pouvoir : le pouvoir d'autodétermination de la volonté dont elle est une propriété essentielle. Elle constitue le domaine où l'idée de liberté prend sa signification la plus fondamentale car déterminant la condition humaine : l'homme est fondamentalement libre. C'est ce concept abordé philosophiquement qui retient notre attention. L'homme est libre malgré les contraintes extérieures. Mais comment les tenants de cette affirmation définissent-ils la liberté ? Ils invoquent le sentiment qu'éprouve chacun d'entre nous d'être l'auteur de ces actes. Par conséquent, nous faisons spontanément l'expérience de notre liberté.

Nous nous sentons libres et nous avons une intuition immédiate de notre liberté, du pouvoir de dire non, affirmer ou nier, agir ou ne pas agir. Telle est, entre autre, la position de Descartes qui pose que cette liberté est infinie : « Il n'y a que la volonté seule, ou la seule liberté du franc arbitre que j'expérimente en moi être si grande que je ne conçois point l'idée d'aucune autre plus ample et plus étendue»[66]. Pour lui, « La volonté ou franc arbitre consiste en ce que, pour affirmer ou nier, poursuivre ou fuir les choses que l'entendement nous propose, nous agissons en telle sorte que nous ne sentons point qu'aucune force extérieure nous y contraigne »[67]. Autrement dit, la liberté est le pouvoir de décider, du sujet volontaire dans une dynamique de réflexion et de connaissance de causes. Elle correspond alors au sentiment qu'éprouve une conscience. Nous

[66] R. Descartes, *Discours de la méthode* (2ème éd.), Paris, Bordas, 1984, p. 22.
[67] R. Descartes, *op. cit.*, p. 223.

pensons faire un geste et nous le faisons. Nous pouvons vouloir ne pas faire quelque chose, remettre à plus tard une décision. En bref, nous éprouvons le sentiment d'être l'auteur de nos actes car il existe en fait des actes que nous désavouons. Il ya donc chez l'homme, la conviction d'être le maitre de son destin et de sentir en lui une ferme et constante résolution d'exécuter tout ce que la raison lui conseille. Cette conviction est soutenue par une philosophie de la liberté. Mais, si nous avons le sentiment de la liberté et si nous agissons comme si nous étions libres, le sommes-nous réellement ? Telle est la question que se posent les philosophies de la nécessité qui nient toute liberté humaine.

En définitive, selon que la liberté est une conséquence de la morale pour celui qui se fait siennes les lois de la conduite humaine, nous concluons que la morale constitue une voie pour la pleine réalisation de tout homme marqué par la volonté de se perfectionner à trouver sa liberté totale. Né de la conscience, cette liberté ne se manifeste qu'en terme de jouissance et de participation à une liberté absolue étant donné que l'homme est naturellement en perpétuelle recherche de sa liberté jamais acquise une fois pour toute. Ainsi, l'insatisfaction de l'homme face à la recherche de sa liberté montre en fait qu'il n'est pas lui-même le créateur de sa propre liberté. N'est-ce pas de cette réalité d'insatisfaction que se découle l'affirmation de l'existence d'une valeur absolue : Dieu, de laquelle toutes choses prennent naissance et trouve leur achèvement ?

CHAPITRE III : LA DECOUVERTE DE DIEU COMME VALEUR ABSOLUE

Dans le chapitre précédant, nous somme parvenu à la conclusion selon laquelle la morale implique la conscience qui est la médiatrice entre la loi morale et l'action pratique. C'est dans ce climat de médiatisation que l'homme jouit d'une liberté de choix ; mais une liberté dont l'action reste soumise au respect de la loi morale en termes d'obligation. Ce qui prouve d'une manière ou d'une autre que la valeur humaine est conditionnée par la valeur morale. Dès lors, que dire de la liberté humaine en rapport avec la valeur morale qui se présente sous la forme d'une obligation? La valeur morale est-elle une inspiration de la liberté humaine ?

3.1. La liberté de l'homme est une liberté finie

Pour les philosophies de la nécessité, « comme la philosophie stoïcienne, ou le spinozisme, l'homme n'est qu'un élément du Cosmos, une petite partie de la Nature déterminée par l'ensemble. »[68]Il peut être alors soumis soit, à une volonté supérieure, soit à une nécessité logique, soit à une causalité naturelle.
En ce qui concerne la soumission de l'homme à une volonté supérieure, une problématique religieuse soutient que le devoir moral s'impose à la conscience par la transcendance de son origine. Ainsi, le devoir est commandement de Dieu. Le monde, y compris l'homme, est gouverné par Dieu force surnaturelle et transcendante[69].
Quant à la nécessité logique, elle découle du fonctionnement normal des choses. Notons à cet effet, que la sociologie montre que les comportements humains découlent, ou, sont déterminés par les processus sociaux. Ainsi cette science retrouvera la source de nos actes, les déterminations de notre éducation ou de

[68] D. Husman & A. Vergez, *Nouveau traité de philosophie*, Paris, F. Nathan, 1966, p. 312.
[69] *Idem.*

notre classe sociale[70]. Autrement dit, notre comportement est tributaire de l'éducation reçue ou de notre position sociale.

S'agissant de la causalité naturelle, Spinoza affirme que tout a une cause. Tous les hommes se trompent en ce qu'ils pensent être libres et cette opinion consiste uniquement pour eux à être conscients de leurs affections et ignorants des causes par lesquelles ils sont déterminés. L'idée de leur liberté c'est qu'ils ne connaissent aucune cause à leurs actions. Pour Spinoza, tous les phénomènes de l'univers obéissant à de lois universelles et immuables : tout ce qui se produit dans le monde à une cause, tout est déterminé. Tout phénomène s'inscrit nécessairement dans l'enchainement des causes ; les mêmes causes produisent les mêmes effets dans les mêmes circonstances. Dans la nature, tout obéit à des lois, tout en dérive aussi nécessairement. Autrement dit, tous les phénomènes et tout ce qui existe sont soumis à des forces extérieures. Spinoza affirmera dans cette logique que l'homme n'est pas dans le monde « comme un empire dans un autre empire »[71]. C'est-à-dire qu'il est nécessairement soumis aux lois de la nature. Il n'a pas un pouvoir absolu sur son action au monde. Cette réalité réduit considérablement sa liberté. C'est en cela que Mgr André Léonard met la différence entre la liberté humaine et la liberté divine. Ainsi, il écrit :

> La liberté dont nous disposons est « une liberté seulement humaine », c'est-à-dire une liberté située, conditionnée et non une liberté angélique ou divine. Jamais une liberté transparente à soi et parfaitement maitresse d'elle-même, mais toujours humblement liée du non-libre sur lequel il prend appuis et auquel en retour, elle confère une part de son sens.[72]

Pour l'auteur ici, la liberté de l'homme est distinctivement finie par rapport à celle divine naturellement absolue. La liberté de l'homme s'exprime à travers les motifs des valeurs morales car « nous sommes libres, oui, mais pour certains buts, en vue de certains mobiles, au service de certaines valeurs ; toutes

[70] *Idem.*
[71] B. Spinoza, *Ethique III,* Paris, GF-Flammarion, 1965, p. 133.
[72] A. Léonard, *op. cit.,* p. 96.

expression où se traduit la relativité et par là la finitude de nos choix »[73]. De plus, la finitude de notre liberté s'explique par le faite qu'elle est non seulement incarnée, dans notre corps qui la plonge dans ses états instinctifs, mais aussi contingente en raison de la partie inconsciente de l'esprit humain selon laquelle le consentement est exigé pour toutes actions volontaires.

Retenons que la liberté de la personne se rattache à la notion d'agir de plein gré impliquant un sujet volontaire, capable de choisir, et d'orienter son action vers le bien. La liberté de la personne est, pour ceux qui en affirment l'existence, le rapport d'une conscience à ses actes mais ce sentiment est aussitôt l'expérience d'une limite, d'une résistance ; notre existé factuel nous montre que nous nous heurtons souvent à des choses, à une matière qui possède un ordre propre indépendant de notre volonté. Cet ordre nous est soit intérieur soit extérieur. Face à ces limites naturelles, comment comprendre alors la liberté humaine ? Comment la prouver ? N'est-ce pas là la preuve de l'existence de la valeur absolue : Dieu ?

3.2. La valeur morale, expression de l'absolu : Dieu

L'expérience intérieure que tout homme fait de son être par le biais de sa conscience, est une attitude dans laquelle l'obligation de faire le bien et d'éviter le mal se veut effective. Cette attitude ne dépend pas d'un degré pus élevé des connaissances empiriques sinon l'on remarquerait que les peuples primitifs auraient une moralité moins élevé que celle des peuples plus développés ou plus cultivés. Et donc puisque cela n'est pas le cas en raison des résultats ethnologiques qui montrent que bien des peuples primitifs ont une moralité hautement élevée, il faudra se garder des théories selon lesquelles les catégories morales sont des produits instinctives. Cet argument est soutenu par Louis Leahy en ces termes :

[73] *Idem.*

> Si les catégories éthiques du bien et du mal tenaient leurs origines de la saisie de l'utile et de dommageables, il serait difficile d'expliquer le passage de l'opportunité économique ou sociale à la moralité. La moralité comme telle ne procure pas ni n'appelle des avantages pratiques, mais dépends de points de vue plus élevés. Elle mène le combat contre l'égoïsme et l'égocentrisme, place les intérêts généraux au-dessus des intérêts privés, les intérêts spirituels au-dessus des intérêts matériels ; par-dessus tout, la vérité, la justice et le bien au-dessus des désirs particuliers. Il n'est pas rare que les décisions morales aillent non seulement contre la chair et le sang, mais aussi contre le clan, le peuple et le milieu au profit d'une valeur intérieure objective[74].

Selon l'auteur, c'est avec la morale que s'affirme l'expérience de l'être. L'on ne parvient à son intériorité, d'où provient sa liberté, que par le dépassement de ses désirs instinctifs à la réalisation des valeurs morales. Mais cette réalisation n'est jamais effective avec le seul effort de la volonté humaine, mais aussi avec l'effort d'une volonté indéterminée selon laquelle les valeurs morales sont jugées dignes d'être recherchées par l'homme. En d'autres termes, si l'on juge intérieurement de ne faire que le bien, cela ne dépend pas seulement de ses motifs et de ses choix ni seulement de son effort et ses pouvoirs accompagnés du consentement et de la nécessité, qui traduisent la capacité de l'homme de vouloir être libre, mais aussi d'une valeur absolue libre. C'est le cas par exemple quand une responsabilité doit être prise en absence d'une force extérieure. Bien plus,

> On trouve suffisamment dans les anales criminelles, affirme Louis Leahy, d'exemple où le remords de conscience d'un assassin non découvert engendre l'aveu et l'acceptation intérieure libre d'une punition ; et cela non pour expirer face au milieu social, mais pour apaiser sa propre vie intérieure. On trouve là un niveau de profondeur qui contredit toutes explications mécaniques, simplificatrices, toutes théories mutilantes[75]

Ainsi donc, l'acte morale ne dépend pratiquement pas de nos expériences scientifiques ou empiriques de telle ou telle valeur, mais bien plus de notre volonté en expression d'amour, déterminée et indéterminée à la fois de la

[74] L. Leahy, *op. cit.,* pp. 65-66.
[75] L. Leahy, *op. cit.,* p. 66.

conduite parfaite. Ce qui explique bien la réalité de l'ordre morale qui fait la rencontre avec la présence de Dieu en l'homme. En effet, « si quelqu'un se sent moralement obligé, il doit logiquement reconnaître aussi que Dieu existe ; en d'autres mots il est contradictoire de se reconnaître obligé sans pression d'aucune force extérieure et en même temps de nier l'existence de Dieu ». Cet argument tient du fait que la réalité de la valeur morale se traduit par son absoluité et son obligatoriété[76] par rapport à la condition humaine dans le processus de sa libéralisation.

3.3. La nature de la valeur

L'esprit humain est défini comme un « être doté d'une conscience qui révèle d'abord un objet dans son opposition ».[77]Cela est de manière à affirmer la capacité que l'homme a, d'appréhender par son intellect tous les objets qui sont autour de lui et avec lesquelles il forme le monde matériel. De ce fait, vient à l'effectivité la relation existentielle de tous les êtres à telle enseigne que désormais l'homme ne peut plus se démarquer de son milieu. Le tout devient comme si "pas d'objet, sans sujet" ou "pas de sujet, on ne peut pas parler d'objectivation". Du coup, l'existence du monde reste conditionnée par l'action humaine par le fait que c'est de lui que toutes choses prennent leurs existences. Car rien n'existe dont il ne saisisse la valeur ; en d'autres termes, c'est en lui que la valeur des choses prend conscience. De là découle la conception selon laquelle la valeur est une création humaine en ce sens que l'homme est au centre de tout fondement de valeur.

Au fait, cela est une réalité parfaite qui traduit l'une des caractères de la valeur. En effet, comme l'a affirmé René Simon, « les valeurs sont immanentes, en ce sens qu'elles correspondent à certaines aspirations : elles se font apprécier, goûter, elles répondent à certains besoins de l'esprit, à certaines tendances du

[76] L'obligaréité : c'est un mot employé par Mgr A. Léonard dans son livre *Le fondement de la morale* pour désigner le caractère obligatoire de la valeur morale.
[77] J. Combès, *Valeur et liberté*, Paris, PUF, 1960, p. 2.

vivant que je suis ».[78]Le désir de ce qui peut apaiser ma faim ou de ce qui peut étancher ma soif ne peut pas être extérieur à moi. C'est purement une référence à l'être lorsqu'on dit de la valeur qu'elle est immanente. Cela est en toute circonstance de manière à parler de la subjectivité des valeurs. Ce qui traduit d'une part le caractère relatif de la valeur d'un sujet à un autre à cause de la préférence des hommes dans leur recherche de liberté. C'est selon cette diversité de préférence ou de besoins de l'esprit que nous distinguons de nos jours des valeurs dites morales, esthétiques et scientifiques que l'on désigne respectivement par le bien, le beau et le vrai dans le domaine de la connaissance.[79]Cependant, cela n'est pas à affirmer une multiplicité de valeur. Car pour André Mercier, ce caractère « vient de ce qu'elles (les valeurs) ont affaire avec le détail des choses : parvenir à distinguer ce qui dans le détail des choses est une image fidèle de l'être, de ce qui est un leurre, (...) il s'agit dans les questions de valeur savoir s'en apercevoir ».[80]André Mercier affirme donc la réalité de l'être dont l'existence dépend d'une certaine harmonie entre les valeurs. Ainsi donc, affirmer l'immanence de la valeur, c'est d'autre part souligner l'attrait qu'elle exerce sur le sujet et son pouvoir et même son exigence d'incarnation selon les termes de Gabriel marcel. L'immanence de la valeur ne signifie pas qu'elle est subjective dans son sens du terme et en particulier au sens péjoratif de ce qui dépend des caprices, de libre arbitre du sujet individuel ou empirique. En d'autres termes, cela n'autorise pas de fonder la valeur sur la convention pure et une liberté sans règles. Nous pouvons donc dire de ce fait que la valeur est d'une expérience axiologique. Car déjà, à la question de savoir qu'est ce que la valeur, Joseph Combès répondait : « la valeur est une fin ultra-mondain que je poursuis à travers les mondes que je choisi, un au-delà du monde de l'existence pure, qui irradie dans ce monde en valorisant

[78] R. Simon, *op. cit.*, p. 77.
[79] A. Mercier, *op. cit.*, pp. 68-72.
[80] A. Mercier, *op. cit.*, p. 68.

ou en dévalorisant toutes les force que j'y rencontre ».[81] L'auteur défini donc la valeur non comme une réalité en rapport avec la sensibilité ni en rapport avec la représentation d'une qualité, mais comme une révélation de l'existence dans le registre d'une perfection régulatrice.

La valeur apparait de ce fait comme une réalité axiologique qui permet de régulariser nos actions. La fonction de la valeur est ainsi d'autoriser les conduites. C'est ce qui la donne le caractère d'absolue en ce sens qu'elle transcende toutes les actions. Pour bien illustrer cette idée, Joseph Combès ne cesse pas de mettre la clarification selon laquelle : « la valeur ne coïncide pas avec la forme-phénomène. Elle est à la fois révélée et non révélée, déterminée, et cependant au-delà de toute détermination ».[82] C'est dans le même ordre d'idée que M.R. Ruyer écrit : « la valeur ne tient ni du sujet ni de l'objet ; elle appartient au système indissoluble de l'activité visant un idéal à travers une forme, c'est-à-dire au système agent-forme actuelle-idéal ».[83] Ruyer met alors une clarification parfaite et invite donc à faire un dépassement de la conception selon laquelle l'appréhension intellectuelle des êtres existants est le système qui révèle la nature de la valeur avec la considération de l'homme comme le créateur de cette valeur. Puisque la soif intangible de l'intelligence humaine place l'homme lui-même devant l'ultime réalité qu'il y a un être absolu intelligible qui le transcende. Aussi, l'auteur invite-t-il à appréhender la valeur à travers un système ascendant, système que Joseph Combès désigne par « l'extase ». Selon lui, « la valeur ne pouvant pas être pur objet, se repose dans une sorte d'extase où l'absence se mêle à la limite de l'expérience humaine, qu'elle convertie en son intériorité ».[84] Nous voyons donc affirmer une seconde nature de la valeur qui est transcendance et/ou la surdétermination.

[81] J. Combès, *op. cit.,* p. 7.
[82] J. Combès, *op. cit.,* p. 8.
[83] M. R. Ruyer, cité par J. Combès, *op. cit.,* p. 8.
[84] J. Combès, *op. cit.,* p. 63.

En effet, la valeur affiche un caractère de supériorité par rapport aux faits et aux actes. Elle ne sort pas d'eux comme une simple conséquence sort d'une prémisse ou l'effet de sa cause. La valeur dépasse l'homme en tant que sujet empirique. Cela tient du fait qu'elle éveille une aspiration en moi et prend ainsi place dans mon existence, mais surtout elle est toujours au-delà de mes réalisations et plus riche que la figure que mon action leur dessine dans le monde des hommes. C'est d'ailleurs la position de Jean Paul Sartre lorsqu'il affirme : « la valeur a pour sens d'être ce vers quoi un être dépasse son être : tout actes valorisé est arrachement à son être vers (…) la valeur, étant toujours et partout le par-delà de tous les dépassements ».[85]

De ce qui précède, nous pouvons retenir que la valeur est en quelque sorte l'aspiration immanente de l'homme qui le transcende par le fait d'être déterminé à l'atteindre par ses actes. Voilà comment à partir de nos aspirations, nous aboutissons à une valeur absolue (Dieu) qui transcende tous nos désirs d'être libre.

[85] J.-P. Sartre, *L'Être et le néant*, *op.cit.*, p. 137.

CONCLUSION

Créé à l'image et à la ressemblance de Dieu, l'homme est fait pour vivre en communion avec Dieu en qui il trouve la plénitude de son bonheur, bonheur qu'il ne cesse de chercher ; car la créature sans le Créateur s'évanouit. De ce fait, de tout temps et en tout lieu, Dieu se fait proche de l'homme, l'appelle, l'aide à le chercher, à le connaître et à l'aimer de toutes ses forces[86]. Cependant, Dieu ne peut être l'objet d'une possession : nous ne pouvons ni l'avoir ni le posséder comme on possède une chose. Mais de Lui nous approchons sans cesse par des conquêtes successives qui constituent comme des avoirs toujours progressifs. Dès lors, les voies pour parvenir à l'affirmation de l'existence de Dieu se sont multipliées au cours des âges. De toutes ces voies, une a retenue notre attention : celle de l'obligation morale comme chemine vers Dieu. La question qui a sous-tendu alors notre réflexion sur l'existence de Dieu s'est ainsi formulée : comment la loi morale constitue-t-elle une voie pour la découverte de Dieu ? La réponse à cette question s'est déroulée en trois étapes.

La première étape en effet, aura consisté à élucider le sens conceptuel de la morale, son fondement et sa finalité. Nous retenons de cette élucidation que la morale est un ensemble de prescriptions destinées à régler et orienter la conduite des êtres humains, en révélant à l'homme le but ultime et le sens de son existence dans le monde. Elle a donc pour finalité le bonheur ; mais un bonheur qui se comprend différemment (le contenu diffère) en fonction des courants de pensée.

De là, nous avons abouti au deuxième chapitre -deuxième étape- dans lequel nous avons analysé les implications de la loi morale ; c'est-à-dire les exigences de la loi morale en rapport à la personne humaine. Nous y retenons

[86] *Catéchisme de l'Eglise Catholique*, *op.cit.*, n° 1 et 49.

que la morale engage notre volonté ou du moins implique l'exercice de notre raison qui se situe en amont du devoir morale : la morale implique la conscience humaine qui est la médiatrice entre la loi morale et l'action pratique. En d'autres termes, la morale constitue une voie pour la plénitude réalisation de tout homme marqué par la volonté de se perfectionner et à trouver sa liberté totale. Né de la conscience, cette liberté ne se manifeste qu'en terme de jouissance et de participation à une liberté absolue, étant donné que l'homme est naturellement en perpétuelle recherche de sa liberté jamais acquise une fois pour toute. Au fait, cette insatisfaction de l'homme face à la recherche de sa liberté, montre qu'il n'est pas lui-même le créateur de sa propre liberté. De cette réalité d'insatisfaction, nous sommes parvenu finalement à poser l'affirmation de l'existence d'une valeur absolue (Dieu), de laquelle toutes choses prennent naissance et trouvent leur achèvement ; tel fut l'objet de notre troisième et dernier chapitre.

De ce chapitre –troisième étape-, nous retenons que l'obligation morale comme preuve de l'existence de Dieu, repose sur le besoin qu'à l'esprit humain de Dieu, pour ne pas sombrer dans l'incohérence intellectuelle et morale. De ce fait, la perception du devoir renferme une connaissance implicite de Dieu. Toutefois, cette connaissance ne devient explicite qu'à ceux qui acceptent l'impératif de la morale. Dès lors, la conviction de l'existence de Dieu croît généralement en fonction des efforts de l'âme pour agir droitement, pour vivre selon les valeurs éternelles et universelles. Autrement dit, à mesure que l'esprit humain adhère de façon profonde et cordiale au devoir, à mesure que son attitude et son activité se pénètrent d'absolu, il exhausse sa puissance de vision et l'accorde progressivement à l'absolu[87].

De toutes ces analyses, nous constatons la nécessité de l'obligation morale pour la revalorisation d'une humanité défigurée et fragilisée par un mauvais

[87] L. Leahy, *op.cit.*, pp. 4-7.

usage de la liberté humaine : il faut l'obligation morale pour combattre ce mal qui porte atteinte à l'homme dans son intégrité physique, dans sa dignité, dans sa liberté et même dans l'ordre des choses. Toutefois, cela ne sera véritablement possible que si la loi morale, en dernière instance, découvre l'homme à la valeur absolue qu'est Dieu ; c'est-à-dire si elle devient chemin pour l'homme vers Dieu. Le mérite de Louis Leahy réside alors dans le fait que partant d'une base anthropologique, il en vient à poser l'obligation morale et l'esprit humain comme preuves de l'existence de Dieu. Car, l'homme, avec son ouverture à la vérité et à la beauté, son sens du bien morale, sa liberté et la voix de sa conscience, son aspiration à l'infini et au bonheur, s'interroge sur l'existence de Dieu ; percevant à travers tout cela des signes de son âme spirituelle[88]. Toutefois, Dieu, signifié surtout à partir de l'intériorité (la conscience) du sujet, risque d'être figé dans la catégorie du sujet ; erreur qui finalement sera aussi grave que celle qui fait de Lui un « objet ». Du coup, la nécessité d'une Révélation de Dieu par lui-même s'impose. En effet, de Dieu nous ne pouvons que dire ce qu'il n'est pas, et ce, à travers un anthropomorphisme. De ce fait, notre esprit à besoin qu'il se révèle lui-même pour mieux prendre des lumières sur Lui.

Cette connaissance première que nous offrent les voies cosmologiques de l'existence de Dieu et l'obligation morale, ne saurait suffire à elle seule pour rendre compte de l'Être infini et immuable qu'est Dieu. Il faut donc nécessairement que Lui-même se découvre et se communique à l'homme, par le mystère ineffable de la Révélation telle que nous le présente le Christianisme. Dès lors, la lumière inaccessible au sein de laquelle Dieu habite se reflète dans deux domaines : l'univers visible et sensible et la Parole révélée, Jésus-Christ lumière du monde. Dès lors, la raison ne saurait faire fi de la foi, de même que la philosophie ne saurait ignorer la théologie. Dieu se révélé donc avec amour dans

[88] *Catéchisme de l'Eglise Catholique, op.cit.*, n° 33.

le monde et à travers sa Parole. De ce fait, les hommes et les femmes sont responsables devant Dieu, puisqu'Il s'est révélé progressivement sous des formes fragmentaires et variées, et en dernier lieu en la personne de son Fils unique Jésus-Christ, en qui la plénitude du bonheur et le salut éternel sont accordés à tous les hommes.

BIBLIOGRAPHIE

I. DOCUMENTS SOURCES

- ✓ *La Bible de Jérusalem*, Paris, Cerf, 2009.
- ✓ *Catéchisme de l'Eglise Catholique (CEC),* Paris, Centurion/Cerf, 1998.

II. DICTIONNAIRES

- ✓ Baraquin N. et Laffite J., *Dictionnaire des philosophes*, Paris, Armand Colin, 2000.
- ✓ Dictionnaire, *Petit Larousse illustré en couleur*, Paris, Larousse, 1996.
- ✓ Encyclopédie philosophique universelle, *Les Notions Philosophiques*, tome 2, Paris, PUF, 1990.
- ✓ Robert P. (Ed.) Le petit Robert, tome 1, Paris, Nouvelle édition, 1988.

III. OUVRAGE DE L'AUTEUR

- ✓ Leahy L., *Voies ouvertes vers Dieu,* Kinshasa, Publications S.P. Canisius, 1979.

IV. AUTRES OUVRAGES

- ✓ Anselme M., *Après la morale quelles valeurs*, Paris, Beauchesne, 1989.
- ✓ Aristote, *Ethique à Nicomaque*, Paris, PUF, 1998.
- ✓ Bergson H., *Les Deux Sources de la morale et de la religion*, Paris, PUF, 1932.
- ✓ Combès J., *Valeur et liberté*, Paris, PUF, 1960.
- ✓ D. Hume, *Traité de la nature humaine*, Paris, Flammarion, 1993.
- ✓ Descartes R., *Discours de la méthode* (2ème éd.), Paris, Bordas, 1984.
- ✓ Honneth A., *La société du mépris. Vers une nouvelle théorie critique*, Paris, La Découverte/Poche, 2008.
- ✓ Husman D. & Vergez A., *Nouveau traité de philosophie*, Paris, F. Nathan, 1966.
- ✓ KANT E., *Doctrine du droit,* Paris, J. Vrin, 1986.
- ✓ KANT E., *Fondements de la Métaphysique des mœurs*, Paris, J. Vrin, 1997.
- ✓ Kant E., *La raison pratique*, Paris, PUF, 1956.
- ✓ Leonard A., *Fondement de la morale*, Paris, Cerf, 1991.
- ✓ Maritain J., *Neuf leçons sur les notions premières de la philosophie morale*, Paris, Téqui, 1949.
- ✓ Mbarbas J., *Valeurs morales, valeurs humaines*, Yaoundé, Groupe éthique, 2002.
- ✓ Mercier A., *De l'amour et de l'être*, Paris, Louvain, 1960.
- ✓ Russ J., *Mémo-Références. Philosophie : les auteurs, les œuvres*, Paris, Bordas, 2003.
- ✓ Sartre J.-P., *L'Être et le néant*, Paris, Gallimard, 1948.

✓ Sartre J.-P., *L'imagination*, Paris, PUF, 1948.
✓ Simon R., *Cours de philosophie thomiste*, Paris, Beauchesne, 1960.
✓ Spinoza B., *Ethique III,* Paris, GF-Flammarion, 1965.
✓ Thomas d'Aquin, *Somme Théologique*, Paris, Cerf, 1997.
✓ Vergely B., *Les grandes interrogations morales*, Paris, Les essentiels Milan, 1997.

V. INTERNET

✓ *La morale : les principales problématiques*, in, « http://ww.ac-grenoble.fr/PhiloSophie/logphil/notions/morale/.../problem.htm » (07/03/2015, 18h09)
✓ Netprof.fr, *Cours de philosophie-La spécificité de la morale kantienne*, in « http://www.netprof.fr/.../PHILOSOPHIE_La_specificite_de_la_morale_de_Kant.pdf » (25/02/2015, 15h15).

TABLE DES MATIERES

Printed by Books on Demand GmbH, Norderstedt / Germany